가담선생 정약용

웅진주니어

책마을 인물이야기 5 - 정약용
까닥 선생 정약용

초판 1쇄 발행 2013년 10월 10일
초판 11쇄 발행 2024년 5월 7일
글 김기정 | 그림 김선배 | 디자인 하늘 · 민
발행인 이봉주 | 도서개발실장 안경숙 | 편집인 이화정
기획·편집 이해선 | 마케팅 정지운, 박현아, 원숙영, 김지윤, 황지영 | 제작 신홍섭

펴낸곳 (주)웅진씽크빅 | 주소 경기도 파주시 회동길 20 (우)10881
문의전화 031)956-7402(편집), 031)956-7569, 7570(마케팅)
홈페이지 www.wjjunior.co.kr | 블로그 blog.naver.com/wj_junior
페이스북 facebook.com/wjbook | 트위터 @new_wjjr | 인스타그램 @woongjin_junior
출판신고 1980년 3월 29일 제 406-2007-00046호 | 제조국 대한민국 | 사용 연령 7세 이상

글 ⓒ김기정 그림 ⓒ김선배 2013 (저작권자와 맺은 특약에 따라 검인을 생략합니다.)
ISBN 978-89-01-15995-3 · 978-89-01-14495-5(세트) 77990

웅진주니어는 (주)웅진씽크빅의 유아 · 아동 · 청소년 도서 브랜드입니다.
이 책은 저작권법에 따라 보호받는 저작물이므로 무단전재와 무단복제를 금지하며,
이 책의 내용 전부 또는 일부를 이용하려면 반드시 저작권자와 (주)웅진씽크빅의 서면동의를 받아야 합니다.

잘못 만들어진 책은 바꾸어 드립니다.
※주의 1_책 모서리가 날카로워 다칠 수 있으니 사람을 향해 던지거나 떨어뜨리지 마십시오.
      2_보관 시 직사광선이나 습기 찬 곳은 피해 주십시오.
웅진주니어는 환경을 위해 콩기름 잉크를 사용합니다.

까닥 선생 정약용

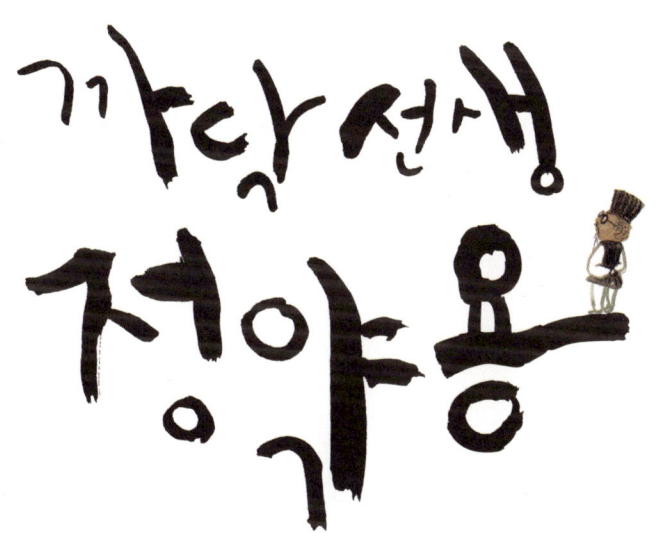

글 김기정 · 그림 김선배

웅진주니어

차례

까닥 선생 …… 6

신 나고 즐거운 나날 …… 14

쫓겨난 신세 …… 30

걸걸 할매와 골골 선생 …… 38

가장 밑바닥에서 …… 50

위대한 학자가 되다 …… 62

까닥 선생

까닥 선생은 눈은 부리부리했고 이마는 넓었어요. 거기에 철사 같은 수염이 가슴께까지 내려왔어요. 온종일 낮은 책상 앞에 다리를 꼬고 앉아 글을 썼는데, 눈썹 한 올 까딱 않고 그대로였습니다.
그래서일까요?
사람들은 까닥 선생이라고 했어요. 어떤 이들은 성미가 까다로워서 그런다고 했고, 아이들은 선생이 맨날 '왜?' 하고 묻고는 간신히 대답하면 고개만 까닥여서 그런다고 했어요. 선생 얼굴을 꼼꼼히 살핀 어느 할매는 눈썹이 세 가닥으로 갈라져서 그런다고도 했죠.

아무렴 어떻겠어요? 까닥 선생은 아주 훌륭한 학자인데요.

언젠가 선생 소문을 듣고 먼 곳에서 선비가 찾아왔어요. 이 선비는 오십 년 동안 공부만 했는데 읽은 책이 수천 권이고 그걸 모두 달달달 외고 있는 이였습니다. 사방 백 리에서 자기보다 공부를 잘하는 이가 없다고 생각했지요. 그래서 '누가 공부를 더 잘하나?' 까닥 선생이랑 대결을 해 볼 작정이었던 거예요.

선비는 마주 앉은 다음, 수염을 천천히 쓰다듬으면서 거만하게 말했어요.
"어험, 어저께 책을 읽다 아리송해서 여쭈러 왔소."
사실은 몇 해 전에 읽은 책인데 너무 어려워서 쩔쩔매다가 겨우 답을
찾아낸 문제였답니다. 선비는 속으로 생각했어요.
'요건 모를걸?'
그랬는데 글쎄 까닥 선생은 정말 눈썹 하나 까딱 않고 대답하는
것이었습니다. 술술술 그 책 구절을 읊는데 몇 쪽 몇째 줄까지 하나도
틀리지 않았어요. 게다가 듣도 보도 못한 다른 책 얘기까지 엮어서
읊어 대는 게 아닌가요? 선비는 '에헴!' 하고 으스대며 왔다가는 얼굴이
벌게져서 슬금슬금 꼬리를 빼고 도망쳤습니다.

이뿐만이 아니에요. 한번은 흉년이 들던 해였어요.
"올 농사는 다 망했구나!"
늙은 농사꾼이 논을 보며 울상을 짓는데, 마침 까닥 선생이 지나가다
한마디 했어요.
"가뭄이 들고 벼에 병이 생기면……."
이러쿵저러쿵 어찌해야 하는지 말하는데 농사에 도통한 농사꾼도 눈이
휘둥그레졌답니다. 책만 읽는 학자인 줄 알았더니
농사일을 자기보다 더 잘 알았던 거예요.

언젠가는 아낙이 울며불며 와서는 사정을 하였습니다.
"울 큰아들이 마마에 걸려 죽었는데, 둘째 아들도 그러면 어쩝니까?"
마마란 돌림병이죠. 그땐 걸리면 열에 일고여덟은 죽는다고 여기던 무서운 병이었어요.
까닥 선생은 눈을 지그시 감고는 골똘히 생각에 잠겼죠. 자신이 읽은 책을 떠올릴 때마다 하는 버릇이에요. 이어 고개를 까닥까닥했답니다.
"마마에 걸렸던 아이의 딱지 일고여덟 개를 사기그릇에 넣고……."
어쩌고저쩌고 차근차근 병 고치는 방법을 말해 주었어요.
아낙이 당장 집으로 달려가 시킨 대로 했더니, 둘째 아들은 병에 걸리지 않고 말짱했고요.

이렇듯 까닥 선생은 세상에 모르는 것이 없었습니다. 그래서 하루가 멀다 하고 이름난 선비들이 찾아와 공부를 가르쳐 달라고 했고, 이것저것 묻는 이들도 참 많았어요. 모두들 척척박사니, 만물박사니 하면서 선생을 받들어 모셨지요. 하지만 처음부터 까닥 선생이 이토록 유명해지고 존경을 받았던 것은 아닙니다. 오히려 정반대였죠.
그러니까 이런 시골구석에 틀어박히기 전까지 까닥 선생은 아주 딴사람이었다는 말이기도 합니다.

신 나고 즐거운 나날

까닥 선생은 어느 한때 깐깐 선생으로 불리던 시절이 있었습니다. 그때는 200여 년 전이었고 조선 시대였죠.

선생은 젊었고 무척이나 똑똑했으며 세상을 다 가진 듯 자신만만했어요.

선생을 좀 아는 이들은 볼멘소리를 했지요.

"빈틈이 없어. 너무 깐깐해."

선생은 일을 하거나 공부를 할 때, 봐주는 법이 없었거든요.

사람들은 선생을 조선에서 가장 똑똑한 이라고 여겼어요. 그렇다고 선생이 자신을 자랑하고 다닌 것도 아니에요. 그저 묵묵히 자신의 일만 열심히 했어요.

어쨌든 우리 깐깐 선생은 스물이 넘어서 성균관에서 공부를 했어요.
거긴 나라를 통틀어 공부를 가장 잘하는 이들만 모이는 데였습니다.
예나 지금이나 공부 타령이긴 매한가지이지만, 옛날에는 똘똘한 이들을
데려다 공부를 시키고 벼슬을 주어 나라를 다스리게 했답니다. 임금이
성균관 학생들에게 특별히 신경 썼던 것도 그래서예요.
그때 임금은 정조였고, 공부라면 빼놓을 수가
없는 임금입니다. 얼마나 공부를 좋아하고
잘하는지, 공부 좀 한 신하들조차도
쩔쩔맬 정도였답니다.

정조 임금이 이 젊고 똑똑한 깐깐 선생을 특별히 아낀 건 당연했습니다.
일부러 불러다가 밤늦도록 책 이야기를 하고 공부도 같이 했어요.
깐깐하기만 한 선생 역시 임금과 같이 이러는 게 더없이 좋았고요. 몇 해
뒤에 과거 시험을 보게 되는데, 당연히 선생이 1등을 했지요.
임금은 선생에게 벼슬을 주고 어려운 일거리들을 맡기기 시작했어요.
어떤 일들이냐 하면, 이랬습니다.

그때는 임금이 한번 나들이를 할 때면 말을 탄 수백
명의 병사와 짐을 실은 수레와 신하 수천 명이
따라다녔어요. 한데 문제가 있었답니다.

서울 아래쪽을 가로지르는 한강을 건너기가 쉽지 않았거든요. 그 많은 이들이 배로 강을 건너려면 몇 날 며칠이 걸릴지 알 수가 없어요. 그래서 이전의 임금들은 한강을 건너는 일을 지레 포기했죠. 대개는 평생 궁궐 안에서만 살았어요. 몇몇 임금만이 신하 수십 명을 데리고 배로 강을 건넜던 게 다였어요. 하지만 정조 임금은 달랐어요. 꼭 한강을 건너 수원까지 가고 싶어 했죠. 수천 명의 신하를 다 데리고 말이에요. 거기엔 아버지 무덤이 있었거든요.
정조 임금의 명령은 이랬습니다.
"한강에 배다리를 놓아라!"

맞아요. 강을 가로지르는 다리만 있다면 수천 명이
한꺼번에 금세 지날 수 있죠.
하지만 결코 쉬운 일이 아니었어요. 배는 쉬
흔들릴 테고 더구나 수천 명이 오가야 하니
튼튼해야 했어요. 그건 일찍이 어느 누구도
생각도 못한, 아니 엄두도 못낸 일이었습니다.
깐깐 선생은 몇 날 며칠을 골몰했어요. 자신이 읽은 수많은 책을
떠올렸고, 거기에 더 멋지고 기발한 생각을 더했습니다. 그리고 얼마 뒤
임금께 두툼한 종이를 바쳤어요.
그건 다름 아닌 배다리 설계도였습니다. 아직 한 번도 만들어진 적이 없는
배로 된 다리였어요. 이윽고 수많은 목수들이 달라붙었죠.
"말도 안 돼!"
"어떻게 배로 다리를 만드누?"
목수들은 이런 의심을 하면서 뚝딱뚝딱 일을 시작했어요. 물론 선생이
날마다 찾아와 꼼꼼히 살폈죠.
"여보게, 꼭 설계도대로 해야 한다네."

마침내 만들어진 배다리는 마치 땅 위를 걷는 것처럼 튼튼했습니다.
그렇게 해서 정조 임금은 수천 명의 신하를 이끌고 서울을 떠나 수원까지
다녀올 수 있었답니다. 그 모습이 어찌나 으리으리하고 멋진지 수많은
백성들이 구경하러 왔어요.
"허, 우리 임금은 정말 대단해!"
하나같이 이런 소리를 하면서요. 백성들은 배다리를 깐깐 선생이 만든
줄은 까마득히 몰랐지만 상관없어요. 임금은 으쓱으쓱했고
선생은 행복했으니까요.

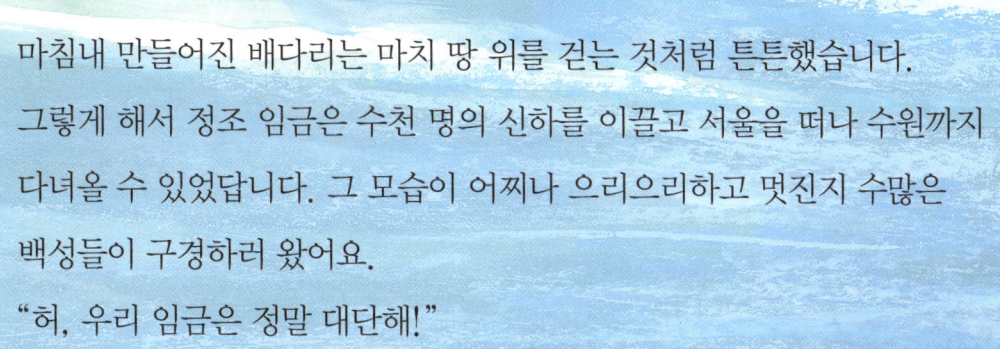

이뿐만이 아니에요. 임금이 이번에는 깐깐 선생에게 더 큰일을 맡겼어요.
"수원에 큰 성을 지어라! 서울을 거기로 옮길 테다."
임금은 한양을 터가 좁다고 여겼죠. 그래서 더 넓은 수원에 성을 쌓고 서울을 옮길 작정이었던 거예요.
그러나 성을 쌓는 일 역시 아무나 할 수 있는 일이 아니었습니다. 수만 명이 달라붙어 일해도 몇십 년이 걸릴지 알 수가 없는 일이랍니다.
여느 신하였다면 고개를 흔들고 아주 괴로워했을 거예요. 너무나 어려운 일이니까요. 한데 선생은 넙죽 절하고 집으로 달려가 틀어박혀 밤낮으로 뭔가를 끄적였습니다. 온갖 책들을 뒤적이고 연구해서 마침내 설계도를 만들어 냈어요. 성의 설계도는 일찍이 본 적이 없는 훌륭한 것이었어요. 튼튼했을 뿐만 아니라 말 그대로 최신 기술을 썼으니까요.
그러나 선생은 설계도에 만족하지 않았어요.
"뭔가 굉장한 기계가 있어야겠어."
그러더니 정말 듣도 보도 못한 걸 만들어 냈어요. 거중기*라는 발명품이었습니다.

＊거중기: 무거운 물건을 들어 올리는 데에 쓰던 기계.

성을 쌓으려면 무거운 돌에 수십 명이 달라붙어서 옮겨야 해요. 사람들이 달라붙어 큰 돌 하나 움직이는 데 며칠씩 걸렸답니다. 거대한 돌덩이를 거중기로 척척 옮겨 대니 모두들 혀를 내두를 수밖에 없었지요.
"허허, 어떻게 저 어마어마한 돌을 들어 올릴꼬?"
"히야, 신기하고 놀랍도다!"
정말이지 이 기계로는 아무리 큰 돌도 뚝딱 반나절이면 충분했어요.
그때 성 쌓는 데 들어간 돈을 계산하던 신하는 이렇게 말했어요.
"돈 4만 냥에다 시간과 일꾼도 훨씬 절약되었나이다."
말이 그랬지 꿈 같은 일이었습니다. 수십 년 걸릴 일을 몇 해만에 해내었으니 믿기지 않는 일이죠.
이러니 임금이 깐깐 선생을 끔찍이 여길 만도 했어요.

그런 어느 날이었어요. 한밤중에 임금이 이 자신만만하고
똘똘한 젊은 신하를 몰래 궁궐로 불렀습니다.
"요번엔 암행어사다!"
역시 아무나 할 수 있는 일이 아니에요. 임금이 철석같이 믿는 신하만이
그 일을 할 수 있잖아요. 깐깐 선생은 지칠 줄 몰랐습니다.
허름한 차림으로 나라 곳곳을 돌아다니며 살폈어요. 백성들은 잘 사는지,
관리들은 일을 잘하는지를 말입니다. 선생이 동에 번쩍, 서에 번쩍
돌아다니며 임금께 올린 보고서는 이랬습니다.
"아무개 관찰사는 멀쩡한 집을 귀신이 나온다고 속여서는
집을 헐값에 사들이곤 자기 집을 지었습니다."
"아무개 사또는 백성들에게 곡식을 비싸게 팔아
돈을 쓸어 모으고 있습니다."

암행어사는 높은 벼슬을 하는 이도 겁내지 않아야 해요. 깐깐하고 엄격한 선생하고 딱 맞는 일이었죠. 선생은 나쁜 짓을 하고 백성들을 괴롭히면 당연히 죗값을 받아야 한다고 여겼어요. 이러니 백성들 사이에서도 이 젊고 총명한 신하는 곧 유명해졌습니다. 다만 이제껏 자기 욕심 챙기기에 바빴던 관리들 눈엔 선생이 가시 같았어요. 그렇지만 어쩌지 못했답니다. 임금과 깐깐 선생은 손발이 척척 맞았으니까 말이에요.

이 둘은 단짝처럼 어려운 일도 멋지게 해냈습니다.
어찌 보면 아주 바쁘고 정신없는 나날이었지만 깐깐 선생은
힘든 줄을 몰랐어요. 왜 아니겠어요. 다 백성들을 위한
일인걸요. 그런데 운명일까요?
앞날이 환하던 선생에게 짐작도 못한 일이
기다리고 있었어요.

쫓겨난 신세

궁궐에서 임금과 나랏일을 이야기하고 집에 돌아온 며칠 뒤였습니다. 깜짝 놀랄 소식이 들려왔어요. 정조 임금이 갑자기 돌아가셨다는 것이었습니다.
우리의 젊고 똑똑하고 좀 깐깐한 선생은 당장 궁궐로 달려갔어요. 궁궐 앞에 엎드려 엉엉 울었죠. 아, 뭘 할 수 있겠어요?

불행은 이제 시작일 뿐이었습니다.

세상 어디에든 남이 잘되는 꼴을 못 보는 이들이 있기 마련이죠. 정치를 한다는 이들은 더 그랬어요. 깐깐 선생은 돌아가신 임금의 사랑을 한 몸에 받던 이잖아요. 선생을 시샘하던 이들이 가만있지 않았어요.
어린 새 임금이 들어서자 신하들이 들끓었어요.
"약용은 역적이옵니다!"
"서학*쟁이는 죽여야 마땅합니다!"
아하, 선생 이름을 깜빡했군요. 약용은 선생의 본디 이름이죠. 한데 서학쟁이라니요?

*서학: 서양의 학문. 조선 시대에 '천주교'를 이르던 말.

선생은 학자였으니 다른 나라에서 새로 들여온 책이라면 누구보다 먼저 읽고 공부했어요. 그 가운데는 별별 신기한 책도 있을 테고요. 서학은 말 그대로 '서양의 학문'이었고, 그 하나가 '성경'이었어요. 아무리 그래도 성경책을 읽었다고 역적으로 몰다니요. 믿지 못하겠지만 그땐 그랬어요. 수백 년 동안 '공자 왈 맹자 왈' 하면서 어려운 한문책만 보던 선비들이잖아요. 지구 반대쪽에서 들여온 책이라면 무서운 돌림병쯤으로 여기던 시대였으니까요. 깐깐 선생은 곧 감옥에 갇혀서 모진 고문을 당했어요. 돌아가신 임금이 아끼던 신하들도 다 비슷한 꼴이 되었죠. 앞장서서 깐깐 선생을 욕한 이들은 일찍이 선생이 암행어사를 할 적에 잘못을 저질렀던 관리들이었어요. 자신들의 잘못은 생각 않고 선생에게 복수할 궁리만 했죠.

"이번 기회에 약용을 죽여야 합니다."

여기저기서 깐깐 선생을 죽이라고 아우성이었답니다. 그나마 다행인 건 선생을 아끼는 사람 또한 많았다는 것이죠. 이곳저곳에서 선생을 살려야 한다고 들끓었어요.

새 임금은 선생의 목숨만은 살리면서 이런 명령을 내렸죠.
"약용은 강진으로 귀양을 보내라!"
그 시절에는 죄를 지은 신하는 죽이거나 먼 곳으로 귀양을 보내곤 했어요.
그렇게 깐깐 선생은 홀로 먼 귀양 길에 올랐답니다.
이즈음 같이 벼슬을 하던 형제들도 비슷했어요. 셋째 형은 죽었고,
둘째 형은 먼 섬으로 귀양살이를 떠났죠.

끔찍한 소식은 연이어 들려왔어요. 선생의 집을 뒤지던 포졸들이 방 안 가득 쌓여 있던 책과 선생이 열심히 써 놓은 글들을 다 태워 버렸다고 했습니다. 학자에겐 책과 글이 목숨과도 같은데, 한순간에 재가 되어 버린 거예요.

아, 얼마나 비참했을까요?

선생은 터덜터덜 걸어서 전라도 강진까지 가야 했습니다. 그곳은 이 나라 남쪽 끄트머리 땅이고 그만큼 먼 곳이었어요. 이렇게 해서 한때 임금의 사랑을 한 몸에 받던 젊고 유능한 신하가 이 나라 남쪽 끝에 있는 땅으로 보내진 거예요. 감옥에서 갓 나왔으니 몸은 병들었고, 부리부리하던 눈은 슬픔이 가득하고, 반질하던 이마엔 주름까지 생겼죠. 철사 같던 수염도 어느새 희끗희끗했습니다. 이전의 깐깐 선생 모습과는 영 딴판이었죠.

이제 막 겨울이 시작되었고 선생은 어디로 가야 할지
몰랐어요. 가는 마을마다 텅 빈 듯했어요. 먼발치서 있던
이도 마치 귀신이라도 본 양 후다닥 집 안으로 들어가서는 대문을
꼭 닫아걸고 나오지 않았어요. 벌써 소문이 다 났기 때문입니다.
임금께 죄를 지은 신하가 쫓겨서 예까지 왔다고요.
'아, 추운 겨울 밖에서 얼어 죽고 마는가?'
선생은 하늘을 쳐다보며 한숨을 쉬고 눈물만 흘렸습니다.
어느 마을 어귀에는 아예 글까지 나붙었습니다.

**나라에 죄 지은 놈은
울 마을에 못 들어옴!**

'아, 대체 어디로 가야 할까?'
이 불쌍한 선생을 받아 줄 곳은 이 세상 어디에도
없어 보였습니다.

걸걸 할매와 골골 선생

선생이 마지막으로 다다른 곳은 마을 밖 주막이었습니다. 쓰러지듯
마당 평상에 앉았어요. 쫓아내도 더는 움직일 힘조차 없었죠.
그때 주막집 주인이 나왔어요. 작은 키에 주름이 자글자글한
할머니였어요. 나중에 알고 보니, 입이 하도 걸걸해서 걸걸 할매라고
했습니다.
걸걸 할매는 선생을 쭉 훑어보곤 퉁명스레 말했어요.
"왜 오늘 자고 가게?"
반말이었지만 이 갈 곳 없는 떠돌이한테는 무척 고마운 소리였습니다.
처음으로 말을 걸어 준 사람이잖아요. 선생은 대답도 못하고 까무룩
그 자리에 쓰러지고 말았어요. 감옥에서 받은 고문 때문에 몸은 망가졌고,
그 몸으로 천 리 길을 걸어서 예까지 왔으니까요.

몇 날을 방 안에 누워 지냈어요. 열에 시달리고 몸이 아팠지만, 더 힘든 건 무너진 마음이었죠. 세상 모든 걸 잃은 거나 마찬가지라고 생각했어요. 다 죽어 가는 그즈음에 소리가 들렸죠.
'살아야 해. 죽지 말고 살아서 이겨 내야 해.'
누군가 귓가에다 대고 나직이 하는 말소리였어요. 주막집 주인 할매였죠. 만약에 그 며칠 동안 미음을 쑤어 입에 넣어 주고, 물수건을 갈며 밤새 돌보지 않았다면, 선생은 죽었을지도 모를 일입니다.
그렇게 보름이 지나서 선생은 죽다 살아났어요. 그리고 누워서 천장을 쳐다보았어요.

'아, 살았구나. 이제 뭘 하지?'
뭘 어떻게 해야 할지 몰랐어요. 영락없이 늙어 죽을 날만을 기다리는 신세였어요. 사랑하는 아내와 자식들과도 헤어져서 말입니다.

이즈음 선생이 아들에게 쓴 편지는 이랬어요.

> 그 사이 흰 수염이 일고여덟 가닥이 났구나.
> 네 어머니가 병이 났다니 생각하면 견디기 힘들구나.
> 이러고도 한 세상에 살고 있다고 할 수 있겠느냐.

얼마 뒤 답장으로 날아든 편지엔 슬픈 소식이 전해졌어요. 막내아들이 시름시름 앓다 죽었다는 것이었습니다. 당장 집으로 달려가고 싶었지만 마음뿐이었죠. 눈앞이 깜깜해졌고 눈물이 앞을 가렸어요.

'아, 죽는 게 낫지 않을까?'

몸이 살아 있어도 죽은 몸이나 마찬가지였죠.

낮엔 마루에 앉아 한숨을 쉬며 햇볕을 쬐었고 밤이면 방 안에 멍하니 앉아 있거나 남몰래 눈물을 짓기도 했습니다. 그러던 어느 날, 문밖에서 버럭 소리가 들렸어요.
"허우대 멀쩡한 양반이 허구한 날 질질 짜구 자빠졌어!"
입이 걸쭉한 걸걸 할매가 보다 못해 한 말이었습니다.
선생은 입을 다문 채 아무 대답도 못했어요. 고개만 푹 수그릴 뿐이었어요.
한편 마을에선 온갖 소문이 나돌았습니다. 귀양 온 선생을 두고 아주 무서운 역적이라는 둥, 곧 칼로 목이 잘려서 죽을 거라는 둥 이러쿵저러쿵 말이 많았어요.

한밤중에 난데없이 방으로 돌멩이가 날아들기도 했고, "역적은
물러가라!" 소리치고 도망가는 이들도 있었어요. 그리고 그 가운데는
째진 눈을 하고 살피는 이도 있었죠. 선생을 감시하러 온
이들이었습니다. 다행인 건 걸걸 할매가 만만치 않다는 거였어요.
"죽지 못해 골골대는 양반을 왜 못 잡아먹어 난리누!"
하고는 구정물을 뿌려 댔답니다.
그럴 때는 방 안에서 축 처져 있던 선생 입가에도 웃음이 번졌어요.
깐깐 선생이 골골 양반이 되는 순간이었습니다.
그 뒤로도 할매는 걸핏하면 '골골 양반', '골골 선생' 하면서 놀려 대기
일쑤였습니다. 그때마다 선생은 얼굴에 웃음을 띠곤 했어요.
이렇게 선생은 골골하게 몇 달을 한숨만 쉬며 지냈어요.

어느 날은 걸걸 할매가 눈썹을 모으고 말했어요.
"쯧쯧, 나으리가 뭔 죄를 지었는지는 내 알 바가 아녀."
골골 선생 고개가 자라목처럼 쑥 들어갔죠.
"아무리 그래도 젊은 양반이 빈둥거리면 쓰남?"
골골 선생은 아무 대답도 못했어요. 뭘 어쩌겠어요.
걸걸 할매가 다그쳐 또 물었어요.
"할 줄 아는 게 없수?"
그제야 골골 선생이 한마디 했어요.
"평생 공부밖에 한 게 없습니다."
"그럼 됐지. 애덜 글공부라도 갤쳐 보슈."
서당을 차려서 살 궁리를 하란 말이었습니다.
귀양살이하는 이는 혼자 알아서 먹고살아야 하잖아요. 게다가 갖고 있는 돈도 다 떨어져 가니 뭐든 해야 했습니다.

골골 선생이 주막집 방 한 칸을 빌려 서당을 차린 건 그래서예요.
마침 글을 배우려는 몇몇 아이들이 모여들었어요. 역적이라고 손가락질은
했어도, 이런 시골에서 나라에서 소문난 학자에게 배울 기회는 거의
없으니 말입니다. 이렇게 해서 선생은 아이들에게 글을 가르치기
시작했답니다.
한데 그 모양은 참 우스웠습니다. 뻘쭘하게 앉은 선생과 그 앞에 멋모르고
있는 코흘리개 아이들 말이에요.

생각해 보세요. 지금 이 시대의 가장 위대한 학자가 철모르는 꼬맹이들한테 ㄱ, ㄴ, ㄷ을 가르친다면요. 우스울 수밖에 없잖아요. 마찬가지였습니다. 제대로 가르칠 리도 배울 리도 없어요. 얼마나 한심하고 어이없는지 골골 선생은 이런 시도 썼어요.

아이들 글 가르치기 참 어렵구나.
붓 자국 찍찍 글자는 삐뚤삐뚤.

그렇게 조용히 아이들을 가르치던 어느 날이었던가 봅니다.
갑자기 포졸들이 주막 마당으로 우르르 몰려 들어왔어요.
"죄인 약용은 오라*를 받아라!"
포졸들은 다짜고짜 골골 선생을 줄로 묶더니 끌고 가는 것이었습니다.
사또 앞에 끌려간 선생은 고개를 들었을 때, 누군지 알아봤어요. 예전에
선생에게 죄를 씌우고 고문했던 관리였습니다. 일부러 이런 시골까지
와서, 선생에게 죄를 덧씌울 속셈이 틀림없습니다. 사또는 꽁꽁 묶인
선생을 다그쳤어요.
"네 죄를 알렸다!"
하루가 멀다 하고 똑같이 물었고, 고문이 시작되었습니다.
사또는 선생의 죄를 찾아내려 안달이었습니다. 그러나 죽지 못해 간신히
숨만 쉬는 선생에게 죄가 있을 리 없어요.

*오라: 죄인의 두 손을 뒤로 묶는 붉고 굵은 줄.

얼마 뒤에 선생은 감옥에서 풀려났답니다. 겨우겨우 걸어서 주막으로 돌아왔을 때, 걸걸 할매가 뛰쳐나오며 맞았어요.
"어이쿠, 우리 선생한테 뭔 죄가 있다구 잡아 가둘꼬! 예끼, 천벌을 받을 놈들아!"
걸걸 할매는 먼 곳에다 욕지거리를 해 댔어요.
골골 선생은 이제는 더 살아갈 힘도 잃은 듯했답니다. 옴짝달싹 못하는 신세에다 감시까지 받고, 언제 또 포졸들이 들이닥칠지 모르니까요.
정말이지 불행은 끝이 보이지 않았습니다.

가장 밑바닥에서

그나마 배우던 서당 아이들도 뿔뿔이 흩어졌어요. 골골 선생은 다시 풀이 죽어 지냈어요. 한숨은 더 늘었고 몸은 비쩍 말랐으며 수염은 축 처졌어요. 한낮에 마루에 앉아 먼 하늘을 보면서 해바라기를 하는 게 다였습니다. 거긴 세상의 가장 밑바닥처럼 보였죠.

'아, 내가 뭘 할 수 있을까? 죽음뿐인가?'

이런 생각이 머릿속에서 또 맴돌았어요.
그런 어느 날이었습니다.
걸걸 할매가 넌지시 물었어요.
"나으리는 공부를 많이 하신 분이니 하나 여쭙겠수."
걸걸 할매가 웬일로 나긋하게 말했어요. 골골 선생은
자신에게 말이라도 걸어 주는 이 할매가 무척이나 고마웠죠.
그래서 더없이 공손하게 대답했습니다.
"네, 뭐가 궁금하신가요?"
걸걸 할매는 늙었어도 말투는 카랑카랑했어요.

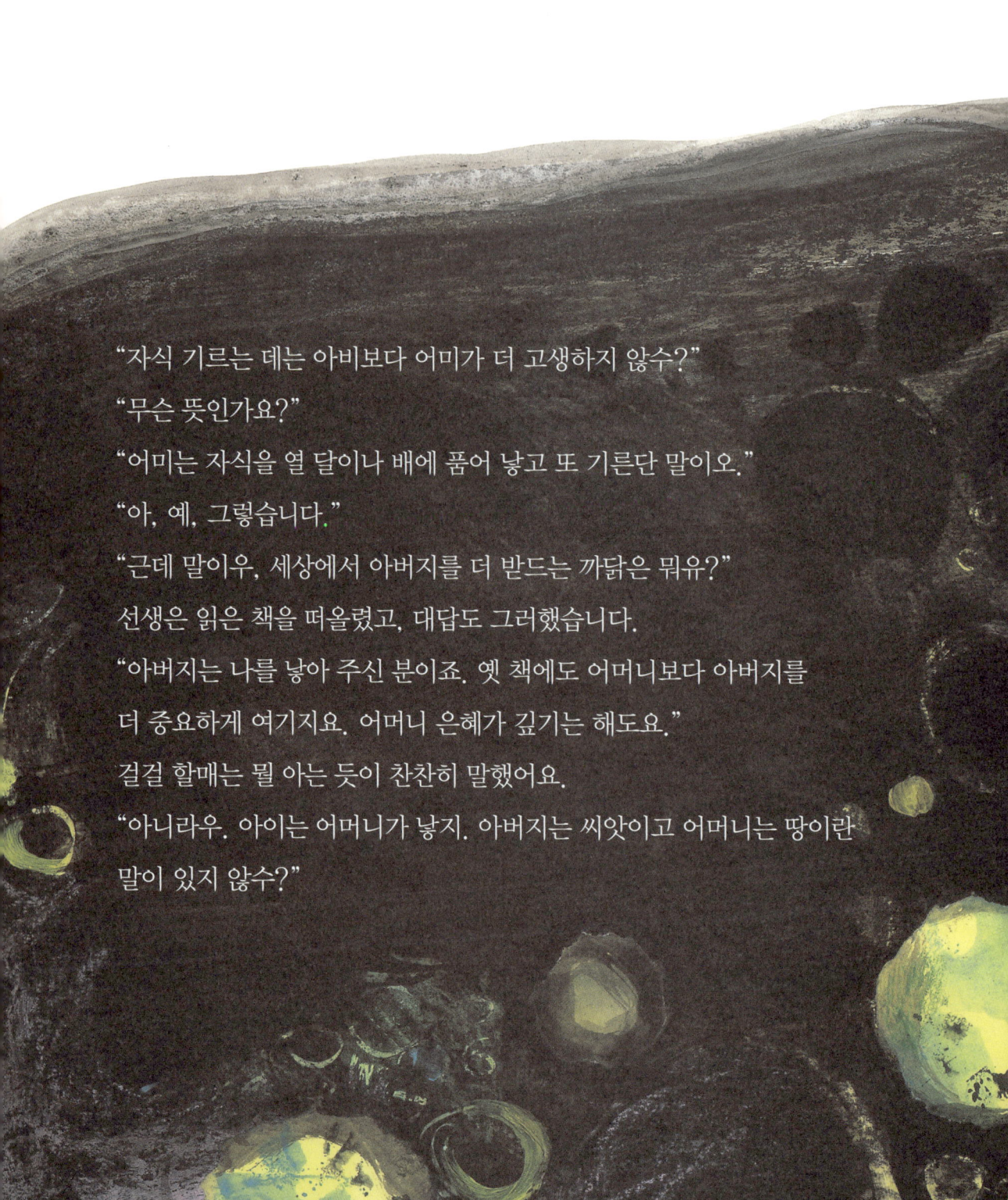

"자식 기르는 데는 아비보다 어미가 더 고생하지 않수?"
"무슨 뜻인가요?"
"어미는 자식을 열 달이나 배에 품어 낳고 또 기른단 말이오."
"아, 예, 그렇습니다."
"근데 말이우, 세상에서 아버지를 더 받드는 까닭은 뭐유?"
선생은 읽은 책을 떠올렸고, 대답도 그러했습니다.
"아버지는 나를 낳아 주신 분이죠. 옛 책에도 어머니보다 아버지를
더 중요하게 여기지요. 어머니 은혜가 깊기는 해도요."
걸걸 할매는 뭘 아는 듯이 찬찬히 말했어요.
"아니라우. 아이는 어머니가 낳지. 아버지는 씨앗이고 어머니는 땅이란
말이 있지 않수?"

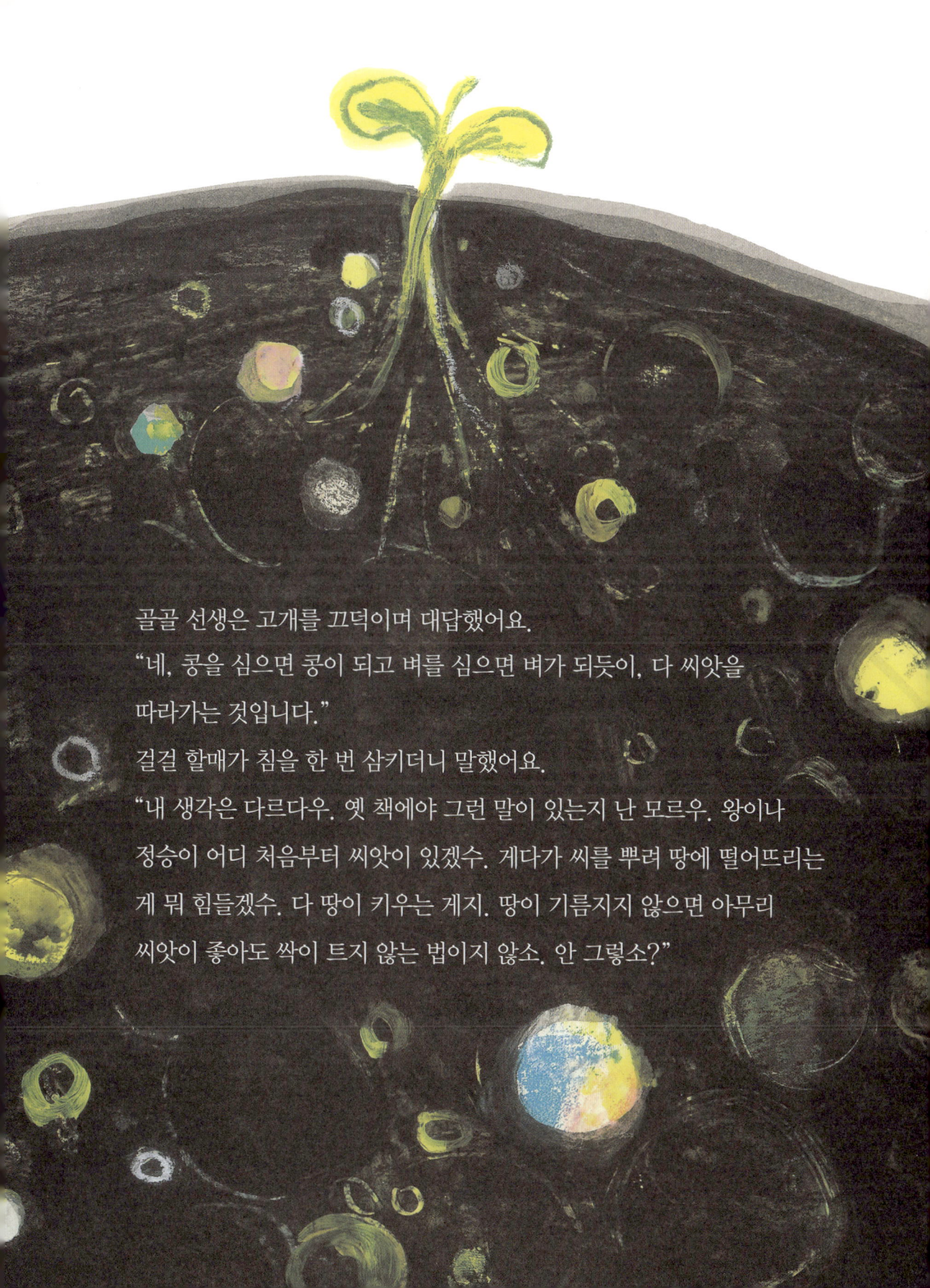

골골 선생은 고개를 끄덕이며 대답했어요.
"네, 콩을 심으면 콩이 되고 벼를 심으면 벼가 되듯이, 다 씨앗을 따라가는 것입니다."
걸걸 할매가 침을 한 번 삼키더니 말했어요.
"내 생각은 다르다우. 옛 책에야 그런 말이 있는지 난 모르우. 왕이나 정승이 어디 처음부터 씨앗이 있겠수. 게다가 씨를 뿌려 땅에 떨어뜨리는 게 뭐 힘들겠수. 다 땅이 키우는 게지. 땅이 기름지지 않으면 아무리 씨앗이 좋아도 싹이 트지 않는 법이지 않소. 안 그렇소?"

걸걸 할매는 작은 소리로 말했어도 아주 단호했어요.
골골 선생은 이 순간 머릿속이 멍해졌답니다. 방금 걸걸 할매가 한 말은 지금까지 읽은 어떤 책에도 나오지 않은 말이었거든요.
선생은 몸을 바로 하고 머리를 조아렸어요.
"제가 큰 가르침을 배웠습니다. 옳으신 말씀입니다."
이때 선생은 머릿속에서 뭔가 쩍! 하고 금이 가는 소리를 들었습니다.
'할매의 말 한마디에도 배울 게 있구나!'
아마 그때부터였을 것입니다. 골골 선생이 다시 뭔가를 할 힘을 얻은 것은요.
선생은 얼마 뒤 다시 서당을 열고 아이들을 모았어요.
웬일인지 그동안 선생을 이상하게 보던 마을 사람들도 차츰 달라졌어요.
봐도 도망치지 않았고 인사까지 하는 것이었습니다. 한때 선생을 감시하던 이들조차도 자기 자식을 서당으로 보낼 정도였죠.

어느덧 골골 선생도 한숨이 줄었어요. 제법 가르치는 재미를 알아 갔죠. 아이들이 맨 처음 배우는 책은 천자문이었어요. 천자문이 뭐냐면, 한자가 딱 천 글자인데, 글을 처음 배울 때 쓰는 교과서였습니다.

골골 선생이 먼저, "하늘 천(天), 따 지(地)" 하면 아이들은 쫑알쫑알 병아리처럼 따라했고, 그럴수록 선생 마음도 조금씩 나아졌어요.

그러면서 이런 생각이 드는 것이었습니다.

'허허, 천자문은 천 년도 더 전에 중국에서 만든 책인데, 우리는 그냥 따라 읽고 배우기만 했구나. 중국과 우리가 사는 게 다르고 말도 다른데 왜 우린 아직도 천자문만 달달 외우고 있을까?'

그래서 선생은 아예 천자문을 따로 만들었답니다. 이 땅 아이들이 알기 쉬운 책으로 말이죠.

자, 이렇게 해서 우리의 선생은 골골 지내다가 달라지기 시작했어요. 뭔가 스스로 해야 할 일을 찾기 시작한 것이죠.

아니나 다를까, 아이들도 제법 그럴듯한 질문을 해 댔답니다. 선생으로선 기쁠 수밖에 없지요.

57

어느 날 한 아이가 물었어요. 메돌*이라 불리는 아이였어요. 메돌이는 더벅머리를 긁적이며 말했어요.

"선생님, 저도 공부를 잘할 수 있나요?"

선생은 잠깐 생각하더니 되물었어요.

"얘야, 나는 공부를 무척 많이 한 학자지?"

"말하나 마나죠. 선생님만큼 한 이가 어딨어요."

"근데 말이다, 공부할 때는 세 가지 문제가 있구나."

메돌이의 눈이 커졌습니다.

"세 가지나요?"

선생은 수염을 쓸며 다시 물었어요.

"얘야, 너는 어떤 아이더냐?"

메돌이가 말했어요.

"선생님, 저는 너무 둔해요. 외는 것도 느려요."

"공부를 할 때 첫 번째 문제는 너무 빨리 외우는 것이란다. 한 번만 읽고 바로 외우는 아이는 제 머리만 믿고 대충 하기가 쉽지. 그래선 안 돼."

*메돌: 어릴 적 이름은 산석(山石)이라 했는데, 황상이라는 제자죠. 죽을 때까지 공부에 힘을 쏟는 학자가 된답니다.

메돌이가 한숨을 내쉬며 말했어요.

"저는 앞뒤가 꽉 막혔다고 하는대요?"

"그래? 두 번째 문제는 글을 아주 잘 짓는 것이란다. 이런 아이는 시험 문제를 금방 알아내지. 빨리 짓기는 하는데 재주 때문에 듬직한 맛이 없구나."

메돌이가 따지듯이 또 물었습니다.

"답답하대요. 사람들이 저를 보면 속이 터진대요."

선생은 다시 고개를 주억이며 말했어요.

"세 번째 문제는 너무 빨리 깨닫는 것이다. 금방 알아듣는 듯하지만 대충 하니까 오래가지 못하지. 애야, 너는 둔하고 꽉 막히고 답답하다고 했지? 공부는 너 같은 사람이 해야 한단다. 처음엔 느리고 어근버근하고 버벅거리겠지만, 부지런히 하면 공부가 더 확실해지지. 부지런하면 된단다, 알겠니?"

이 더벅머리 아이는 눈을 말똥거리면서 선생을 쳐다보았습니다.
이제 스스로 공부를 잘할 것 같은 마음이 든 듯했습니다.
따지고 보면, 이건 선생만이 아는 특별한 공부 비법이죠. 선생은
이 나라에서 공부를 가장 많이 하고, 잘하는 이잖아요.
선생은 모처럼 껄껄껄 웃었습니다. 그리고 고개를 까닥까닥했어요.
아마도 고개를 까닥인 건 그때가 처음이었을 것입니다. 속으로 이런
생각을 하면서요.
'이 아이도 이토록 배우고 싶어 하는구나. 나 역시 아직도 공부해서
배울 게 얼마나 많은가?'
선생은 메돌이에게 머리를 숙이며 이렇게 말했어요.
"내가 너한테 이렇게 배우게 되는구나!"
까닥까닥, 까닥 선생으로
불리기 시작한 것도
그 즈음부터라고 했습니다.

위대한 학자가 되다

골골대던 선생이 정말 달라졌습니다.
눈은 부리부리해서 불꽃이 튀었고 이마는 넓었으며, 철사 같은 수염이
가슴께까지 내려왔죠. 새벽에 일어나 책을 읽었고, 아이들을 가르치는
목소리는 낭랑했으며, 걷는 발걸음은 가벼웠습니다.
까닥 선생은 가르치는 데도 아주 열심이었어요.
처음엔 동네 아이들만 배우러 오더니, 어느 새 소문을 듣고
이름 높은 선비들까지 찾아들었습니다.

누구든 물어 오면 바로 답을 말하지 않고 되물었습니다.
"그 까닭이 무엇이오?"
상대방이 대답하면 고개를 까닥거렸어요. 그렇다고 언제나 친절했던 것은 아닙니다. 한때 깐깐 선생이라고 불리기도 했잖아요. 아이 어른 할 것 없이 숙제를 내 주고 제대로 안 해 오면 따끔하게 혼내기도 했죠. 그런데도 까닥 선생을 잘도 따랐습니다.

몇 해 뒤에는 야트막한 산자락에 집을 지었어요.
'다산 초당'이라 이름 짓고, 거기서 글을 쓰고 책을 읽었으며
밭을 일구고 제자들을 가르쳤답니다.
그렇지만 세상은 달라진 게 없어 보였어요. 사랑하는 임금이 죽은 뒤로
유능한 신하들은 죽거나 자신처럼 쫓겨났고, 그 자리엔 벼슬자리만
노리는 관리들이 앉아 있으니까요. 백성들은 여전히 가난하고 고달프게
살았죠. 관리들은 아랑곳 않고 떵떵거렸고, 나라는 어지러웠습니다.
그건 까닥 선생이 꿈꾸던 세상이 아니었어요.
그래서랍니다. 까닥 선생은 자신이 진짜 해야 할 일을 찾았어요. 세상을
바꿀 연구를 하고, 그걸 책에 다 쏟아부었어요. 온종일 책을 쓰는 일에
골몰했던 거예요.
책들도 가지가지였답니다. 나라는 어떻게 다스리는가? 어떻게 하면
넉넉히 사는가? 병은 어떻게 고치는가? 살인 사건의 범인은 어떻게
찾는가까지……, 손에 꼽을 수도 없습니다.

그런데도 귀양살이는 풀릴 기미가 보이지 않았어요. 선생을 미워하는 신하들이 번번이 가로막았거든요.

까닭 선생은 개의치 않았어요. 후회도 하지 않고 한숨도 쉬지 않았어요. 책을 읽고 가르치고 이야기하고 연구하고 글을 쓰면서 하루하루를 보냈습니다. 방 안에는 쓴 책들이 켜켜이 쌓아 올려졌는데, 얼마나 열심히 썼는지 방을 가득 채울 만치였습니다.

그런 가운데서도 늘 생각은 나라 걱정이었죠. 멀리 있는 아들에게 보낸 편지에는 이런 내용도 있습니다.

> 백성을 사랑하고 나라를 걱정하지 않으면 시가 아니요,
> 시대를 아파하고 잘못된 일에 화내지 않으면 시가 아니다.
> 착한 일에 기뻐하고 나쁜 짓을 삼가지 않으면
> 그 또한 시가 아니다.

'세상을 위해 나는 무엇을 할까?'

바로 그런 마음을 온전히 책을 쓰는 데 담았던 거예요.
쓰고 생각하고 또 쓰고 그렇게 셀 수 없는 밤들이 지나갔나 봅니다.

또각또각 다산 초당 언덕을 올라오는 말발굽 소리가 들렸어요.
마당으로 말을 탄 사람이 들어섰어요. 임금의 편지를
갖고 온 관리였습니다. 관리는 공손히 절을 하고
천천히 편지를 읽어 내려갔어요.
"정약용의 죄를 용서하노라. 이제 집으로
돌아가도 좋다!"
아, 얼마나 기다리던 소식인가요?
이제 사랑하는 아내와 자식들 곁으로 돌아갈 수
있게 된 것이죠.
선생은 고개를 한 번 까닥였어요. 서울에서
쫓겨나 이 시골에 온 지 18년 만의 일이었습니다.
그사이 나이 마흔의 선비가 어느덧 예순을 바라보는
할아버지가 되었죠. 그렇지만 세월만 흐른 게 아니었습니다.

선생은 모두가 존경하는 까닥 선생이 되었고,
수많은 책들을 남겼으니까요.

선생이 떠나는 날, 사람들이 구름처럼 모여들었어요. 제자가 수천 명은 되었고, 이웃 마을 사람들도 선생을 존경하고 있었으니까요.
그렇게 선생은 집으로 돌아갔습니다.
선생이 쓴 책은 모두 500권이 넘어요. 이 세상 어느 누구도 그렇게 많은 책을 쓴 적이 없어요. 벼슬로 못다 이룬 세상의 꿈을 선생은 책에 다 담은 것입니다. 까닥 선생은 꿈에 그리던 집으로 돌아가서도 책을 쓰는 일을 멈추지 않았습니다. 죽는 날까지요.

정약용 1762~1836

정약용은 1762년 경기도 광주에서 태어났다. 네 살 때 천자문을 배우기 시작했고, 일곱 살 때 "작은 산이 큰 산을 가리니 멀고 가까움이 다르기 때문이네."라는 시를 지었다. 아홉 살 때 어머니가 세상을 떠났고, 큰형수가 어머니를 대신해 약용을 돌봐 주었다.

청년이 된 정약용은 이익의 실학사상을 접하고 큰 감동을 받았으며, 큰형수의 동생인 이벽으로부터 천주교 교리에 관한 이야기를 전해 들었다.

대과에 급제하여 벼슬길에 나간 정약용은 수원 화성과 거중기를 설계했으며, 암행어사가 되어 가혹한 착취를 일삼은 지방 수령들을 낱낱이 고발하였다. 1797년에는 황해도 곡산 부사가 되어 백성들을 위한 좋은 정치를 펼쳤고, 천연두의 예방과 치료법을 모은 책 〈마과회통〉을 펴냈다.

1801년 천주교를 탄압한 신유사옥에 관련되어 경상도 장기로 귀양을 갔다. 그 해 10월에 황사영이 프랑스 선교사에게 비밀 편지를 보내려다 발각된 사건으로 다시 서울로 불려와 조사를 받고, 둘째 형 정약전은 흑산도로, 정약용은 강진으로 귀향을 갔다.

18년의 유배 생활 동안 책을 쓰는 일과 제자를 가르치는 일에 힘썼으며 1818년에 유배에서 풀려나 고향으로 돌아왔다. 〈경세유표〉, 〈목민심서〉, 〈흠흠신서〉 등 많은 책을 남겼으며, 1836년 75세의 나이로 세상을 떠났다.